무량공덕 사경 13

天地八陽神呪經

도서출판 창
Chang Books

사경은 무량공덕의 기도

무비 스님

옛부터 천지팔양신주경은 부처님께서 말씀하시기를, "이경문을 듣는이나 들은 사람이 곁에 있기만 하여도 이사람은 팔부신장이 옹호하여 잡귀나 잡신이 범접치 못하여 모든 재앙도 소멸된다"고 하셨으니 하물며 직접 이 경책을 읽고 정성을 다한다면 제석천왕도 이 사람을 돕는다고 하였다.

그러므로 이 경전은 집안에 병고가 있거나 혹은 이사를 새로 하였을 때 집에 흙일이나 구조를 바꿀 때 동토가 소멸하고 또 아무리 흉가라 할지라도 이 경문을 세번만 독송하면 오히려 만복이 들어오는 길성가로 변하며 또한 어떤 재앙이 닥치더라도 이 경문을 세번만 외우면 재앙이 소멸되어 재복이 되고 영화를 누리게 된다.

부처님께서도 말씀하셨고 미래의 부처님께서도 마땅히 말씀하실 것이요 현재계신 부처님들도 말씀하시나니라.

이 하늘과 땅 사이에는 사람이 가장 뛰어남으로 모든 만물가운데서 귀중한 것이니 사람은 바르고 참되어야 하며 마음에는 허망함이 없어야 하고 몸은 바르고 참된 일을 행해야 되느니라.

우리가 한 생을 살아가면서 이와 같이 귀중한 가르침을 만난다는 것은 이 세상에 그 무엇과도 비교할 수 없는 행복한 일입니다.

경전을 통한 수행에는 네 가지를 듭니다. 서사(書寫)·수지(受持)·독송(讀誦)·해설(解說)이 그것입니다. 서사란 사경(寫經)으로서 경전을 쓰는 일입니다. 경전을 쓰는 일은 온 몸과 마음을 다해야 하기 때문에 최상제일이며 무량공덕의 기도가 됩니다. 사람이 살아가는 일에 있어서 이보다 더 소중하고 값진 일은 없을 것입니다.

사경공덕수승행 무변승복개회향
寫經功德殊勝行 無邊勝福皆廻向
보원침익제유정 속왕무량광불찰
普願沈溺諸有情 速往無量光佛刹

경을 쓰는 이 공덕 수승하여라.
가없는 그 복덕 모두 회향하여
이 세상의 모든 사람 모든 생명들
무량광불 나라에서 행복하여지이다.

불기 2545년 동안거

발 원 문

사경제자 :   합장

사경시작 일시 :   년 월 일

五

사 경 의 식

삼귀의례

거룩한 부처님께 귀의합니다.

거룩한 가르침에 귀의합니다.

거룩한 스님들께 귀의합니다.

개경게

가장 높고 미묘하신 부처님 법

백천만 겁 지나도록 인연 맺기 어려워라.

내가 이제 불법진리 보고 듣고 옮겨 쓰니

부처님의 진실한 뜻 깨우치기 원합니다.

사경발원

자신이 세운 원을 정성스런 마음으로 발원한다.

입정

정좌해서 마음을 고요히 하여 사경할 자세를 갖춘다.

사경시작

사경끝남

사경봉독
　　손수 쓴 경전을 소리내어 한 번 독송한다.

사경회향문
　　경을 쓰는 이 공덕 수승하여라.
　　가없는 그 복덕 모두 회향하여
　　이 세상의 모든 사람 모든 생명들
　　무량광불 나라에서 행복하여지이다.

불전삼배

사홍서원
　　중생을 다 건지오리다.
　　번뇌를 다 끊으오리다.
　　법문을 다 배우오리다.
　　불도를 다 이루오리다.

天地八陽神呪經(천지팔양신주경)

聞如是(문여시)하니 一時(일시)에 佛(불)이 在毘耶達摩城(재비야달마성)

寥廓宅中(요확택중)하사 十方(시방)이 相隨(상수)히고 四衆(사중)이 圍繞(위요)니시

爾時(이시)에 無碍菩薩(무애보살)이 在大衆中(재대중중)하사 即從(즉종)

座起(좌기)하여 合掌向佛(합장향불)하고 而白佛言(이백불언)대하사

九

世尊 此閻浮提衆生이 遞代相生하야 無始已來로 相續不斷호되 有識者少하고 無智者多하며 念佛者少하고 求神者多하며 持戒者少하고 破戒者多하며 精進者少하고 懈怠者多하며 智慧者少하고 愚癡者多하며 長壽者少하고 短命者多하며 禪定者少하고

세존 차염부제중생이 체대상생하야 무시이래로 상속부단호되 유식자소하고 무지자다하며 념불자소하고 구신자다하며 지계자소하고 파계자다하며 정진자소하고 해태자다하며 지혜자소하고 우치자다하며 장수자소하고 단명자다하며 선정자소하고

散亂者多하며
富貴者少하고
貧賤者多하며
溫柔者少하고
剛強者多하며
興盛者少하고
悙獨者多하며
正直者少하고
曲諂者多하며
淸愼者少하고
貪濁者多하며
布施者少하고
慳悋者多하며
信實者少하고
虛妄者多하야
致使世俗으로
淺薄하야
官法이
箠毒하며

二

賦役이 煩重하고 百姓이 窮苦하야 所求難得은 良由信邪倒見하야 獲如是苦일새 唯願世尊은 爲諸邪見衆生하야 說其正見之法하사 令得悟解하야 免於衆苦하소서

佛言善哉善哉라 無碍菩薩이여 汝大慈悲로 爲諸邪見衆生하야 問於如來正

二三

見之法 不可思議 汝等 諦聽 善

思念之 吾當爲汝 分別解說天地

八陽之經 此經 過去諸佛 已說

未來諸佛 當說 現在諸佛 今說

夫天地之間 爲人 最勝最上 貴

於一切萬物 人者 正也 眞也

心無虛妄하여 身行正眞이니
左ノ爲正이요 右ノ爲眞이라
常行正眞할새 故名爲人이니
是知하라 人能弘道하며 道以潤身이니하나
依道 依人하면 皆成聖道라하리
夫次無碍菩薩이여 一切衆生이 旣得人
身하여 不能修福하고 背眞向僞하여 造種種

一四

惡業타가 命將欲終에 沈淪苦海하여 受種
種罪니하나 若聞此經하고 信心不逆하면 卽得
解脫諸罪之難하여 出於苦海하며 善神이
加護하여 無諸障碍하고 延年益壽하여 而無
橫夭니하나 以信力故로 獲如是福늘이어 何況
有人이 盡能書寫하고 受持讀誦하며 如法

一五

修行가 其功德은 不可稱이며 不可量이며 無

有邊際하여 命終之後에 並得成佛하리라

佛告無碍菩薩摩訶薩 若有衆生이

信邪倒見하여 即被邪魔外道와 魑魅魍魎

鳥鳴百怪와 諸惡鬼神이 競來惱亂하여

與其橫病호되 惡腫惡瘡惡忤로 受其痛

苦_고하여 無有休息_{무유휴식}도이라 遇善知識_{우선지식}하여 爲讀此_{위독차}

經三遍_{경삼편}하면 是諸惡鬼_{시제악귀}가 皆悉消滅病_{개실소멸}하여병

則除愈_{즉제유}하여 身强力足_{신강력족}하나니 讀經功德_{독경공덕}으로 獲_획

如是福_{여시복}이니라하나 若有衆生_{약유중생}이 多於淫欲_{다어음욕}하며 瞋_진

恚愚癡_{에우치}하며 慳貪嫉妒_{간탐질투}라도 若見此經_{약견차경}하고 信_신

敬供養_{경공양}하며 即讀此經三遍_{즉독차경삼편}하면 愚癡等惡_{우치등악}이

並皆除滅하며 慈悲喜捨로 得佛法分이라이니

復次無碍菩薩이여 若善男子善女人이

興有爲法하되 先讀此經三遍하고 築墻動土

安立家宅하되 南堂北堂과 東序西序와

廚舍客屋과 門戸井竈와 碓磑庫藏과

六畜欄溷하면 日遊月殺과 將軍太歲와

一八

黃幡豹尾(황번표미)와 五土地神(오토지신)과 青龍白虎(청룡백호)와

朱雀玄武(주작현무)와 六甲禁諱(육갑금휘)와 十二諸神(십이제신)과

土尉伏龍(토위복용)과 一切鬼魅(일체귀매)가 皆悉隱藏(개실은장)하여

遠迸他方(원병타방)하고 形消影滅(형소영멸)하여 不敢爲害(불감위해)하며

甚大吉利(심대길리)하여 得福無量(득복무량)라하리

善男子(선남자)야 興功之後(흥공지후)에 堂舍永安(당사영안)하고

一九

屋宅이 牢固하며 富貴吉昌하여 不求自得하며

若欲遠行從軍커나 仕宦興生하면 甚得宜利하여

門興人貴하며 百子千孫으로 父慈子孝하며

男忠女貞하며 兄恭弟順하고 夫妻和睦하며

信義篤親하고 所願成就라하리 若有眾生이 忽

被縣官拘繫하여 盜賊牽挽도이라 暫讀此經

二〇

三遍하면 即得解脫라하리

若有善男子와 善女人이 受持讀誦하고

爲他人하여 書寫天地八陽經者는 設入水

火라도 不被焚漂하고 或在山澤이라 虎狼이

屏跡하여 不敢搏噬하며 善神이 衛護하여 成

無上道라하리 若復有人이 多於妄語綺語와

二一

惡口兩舌(악구양설)도이라

若能受持讀誦此經(약능수지독송차경)하면

永除四過(영제사과)하고 得四無碍辯(득사무애변)하여 而成佛道(이성불도)하며

若善男子善女人等(약선남자선녀인등이) 父母有罪(부모유죄)하여 臨終(임종)

之日(지일)에 當墮地獄(당타지옥)하여 受無量苦(수무량고)라도 其子(기자)

即爲讀誦此經七遍(즉위독송차경칠편)하면 父母即離地獄(부모즉리지옥)하고

而生天上(이생천상)하여 見佛聞法(견불문법)하고 悟無生忍(오무생인)하여

優婆塞優婆夷하여 佛告無碍菩薩大士 以成佛道하리라

毘婆尸佛時에 有

優婆塞優婆夷하여 心不信邪하고 敬崇佛
法하며 書寫此經하여 受持讀誦하되 須作即
作하고 一無所聞하며 以正信故로 兼行布
施하되 平等供養하고 得無漏身으로 成菩提

以成佛道하리라
佛告無碍菩薩大士 毘婆尸佛時에 有

二三

道하니 號曰普光如來應正等覺이라 劫名은

大滿이요 國號는 無邊이며 但是人民이 行

菩薩道하되 無所得法이라하니

復次無碍菩薩이여 此天地八陽經이

行閻浮提하면 在在處處에 有八菩薩과 諸

梵天王과 一切明靈이 圍繞此經하고 香華

二四

供養하여 如佛無異니하라시

佛告無碍菩薩摩訶薩내하사 若善男子

善女人等이 爲諸衆生하여 講說此經하면

深達實相하여 得甚深理하되 卽知身心이

佛身法心이라 所以能知卽知慧니 眼常

見種種無盡色하되 色卽是空이요 空卽是

色이라 受想行識도 亦空니하나 卽是妙色身

如來며 耳常聞種種無盡聲하되 聲卽是

空이요 空卽是聲이라 卽是妙音聲如來며

鼻常齅種種無盡香하되 香卽是

空卽是香하되 香卽是空이요 空卽是

卽是香이라 卽是香積如來며 舌常了種

種無盡味하되 味卽是空이요 空卽是味라

二六

卽是法喜如來며 身常覺種種無盡觸호되

觸卽是空이요 空卽是觸이라 卽是智勝如

來며 意常思想分別種種無盡法호되 法卽

是空이요 空卽是法이라 卽是法明如來니라

善男子야 此六根이 顯現호되 人皆口常

說其善語하여 善法常轉하면 卽成聖道나

二七

說其邪語하여 惡法常轉하면 卽墮地獄이니하나 善男子야 善惡之理를 不得不信가 善男子人之身心이 是佛法器며 亦是十二部大經券也어늘 無始已來로 轉讀不盡하여 不損毫毛니하나 如來藏經은 唯識心見性者야 之所能知요 非諸聲聞凡夫의 所能知也라

善男子야 讀誦此經하여 深解眞理하면

即知身心이 是佛法器와어니 若醉迷不醒하면

不了自心이 是佛法根本하고 流浪諸趣하여

墮於惡道하고 永沈苦海하여 不聞佛法名

字라하리

爾時에 五百天子가 在大衆中하여 聞佛

二九

所說하고 得法眼淨하여 皆大歡喜하며 卽發

無等等 阿耨多羅三藐三菩提心이라하니

無碍菩薩이 復白佛言 世尊 人之

在世에 生死爲重이나 生不擇日하고

生하며 死不擇日하고 時至卽死어늘 何因殯

葬하여 卽問良辰吉日하고 然始殯葬하되 殯

葬之後에 還有妨害하며 貧窮者多하고 滅

門者不少니까 唯願世尊이시 爲諸邪見無

知衆生하사 說其因緣하사 令得正見하고 除

其顚倒서하소

佛言善哉善哉라 善男子야 汝實甚能

問於衆生의 生死之事와 殯葬之法하고

三一

汝等諦聽하라 當爲汝說智慧之理와 大道

之法이라하리 夫天地廣大淸하며 日月廣長明하며

時年善善美하여 實無有異니라 善男子야

人王菩薩이 甚大慈悲하여 愍念衆生하되

皆如赤子하며 下爲人主하여 作民父母하되

順於俗人하여 教民俗法하며 遺作曆日하여

頒下天下하여 令知時節늘이어 爲有滿平成

收開除之字와 執危破殺之文이라 愚人은

依字信用하여 無不免其凶禍하며 又使邪

師壓鎮說是道非하여 謾求邪神하며 拜

餓鬼하여 却招殃自受苦니하나 如是人輩는

反天時하고 逆地理하여 背日月之光明하고

常投暗室하며 違正道之廣路하여 恒尋邪

逕이라 顛倒之甚也니라 善男子야 産時에

讀誦此經三遍하면 兒則易生하고 甚大吉

利하며 聰明利智하고 福德具足하며 而不中

天死時에 讀誦此經三遍하면 一無妨

害하고 得福無量라하리

善男子야 日日好日이며 月月好月이며 年年好年이며 實無間隔이니 但辦即須殯葬하고 殯葬之日에 讀誦此經七遍하면 甚大吉利하여 獲福無量하고 門榮人貴하고 延年益壽하며 命終之日에 並得成聖라하리 善男子야 殯葬之地를 莫問東西南北

安穩之處니 人之愛樂은 鬼神愛樂이라

即讀此經三遍하고 便以修營하며 安置墓

田하면 永無災障하고 家富人興하여 甚大吉

利라하리

爾時에 世尊이 欲重宣此義하사 而說

偈言대하사

營生善善日이며 休殯好好時라
生死讀誦經하면 甚得大吉利니라
月月善明月이요 年年大好年이라
讀經卽殯葬하면 榮華萬代昌라이니
爾時衆中에 七萬七千人이 聞佛所說
하고
心開意解하여 捨邪歸正하며 得佛法分하고

永斷疑惑하고 皆發阿耨多羅三藐三菩

提心라하니 無碍菩薩이 復白佛言대하사

世尊여이시 一切凡夫가 皆以婚媾로 爲親하되

先問相宜하고 後取吉日하여 然始成親이나

成親之後에 富貴偕老者少하고 貧窮生

離死別者多하니 一種信邪로 如何而有

差別고이닛 唯願世尊여이시 爲決衆疑서하소

佛言대하사 善男子야 汝等諦聽하라 當爲

汝說라하리 夫天陽地陰하고 月陰日陽하며 水

陰火陽하며 男陽女陰이니 天地氣合하여 一

切草木이 生焉하고 日月이 交運하여 四時

八節이 明焉하고 水火相承하여 一切萬物이

熟焉하고 男女允諧하여 子孫이 興焉니하나 皆

是天地常道요 自然之理며 世諦之法이라이니

善男子야 愚人은 無智하여 信其邪師하며

卜問望吉하여 而不修善하고 造種種惡業가이라

命終之後에 復得人身者는 如指甲上土하고

墮於地獄하여 作餓鬼蓄生者는 如大地土니라

善男子야 復得人身하여 正信修善者는 如指甲上土하고

地土니라 善男子야 信邪造惡業者는 如大

地土니라 善男子야 欲結婚親인댄 莫問水

火相剋과 胞胎相壓과 年命不同하고 唯看

祿命書하여 即知福德多少하여 以爲眷屬하고

呼迎之日에 即讀此經三遍하여 而以成

禮하면 此乃善善相仍하고 明明相屬門하여

高人貴하며 子孫興盛하며 聰明利智多

才多藝하며 孝敬相承하고 甚大吉利하여 而

不中夭하며 福德具足하고 皆成佛道라하리

時에 有八菩薩하니 承佛威信하여 得大

總持하며 常處人間하여 和光同塵하고 破邪

立正하며 度四生處八解하되 而不自異하니

其名曰跋陀羅菩薩漏盡和며 羅隣竭菩

薩漏盡和며 憍目兜菩薩漏盡和며 那羅

達菩薩漏盡和며 須彌深菩薩漏盡和며

因抵達菩薩漏盡和며 輪調菩薩漏盡

和며 無緣觀菩薩漏盡和니라

是에 八菩薩이 俱白佛言世尊하

我等이 於諸佛所에 受得陀羅尼神呪니하오

而今說之하여 擁護受持讀誦天地八陽

經者하여 永無恐怖使一切不善之物로

不得侵損讀經法師케하나라

即 於佛前에 而說呪曰

阿去尼去尼阿毘羅曼隷曼多隷

世尊 若有不善子 欲來惱法師

聞我說此呪 頭破作七分 如阿梨

樹枝

爾時 無邊身菩薩 卽從座起 前

白佛言 世尊 云何名爲天地八陽

四五

經고이닛 惟願世尊은

爲諸聽衆하여 解說其

義하사 令得覺悟하여 速達心本하고 入佛知

見하여 永斷疑悔소케하 佛言대하사 善哉善哉라

善男子야 汝等은 諦聽하라 吾今爲汝하여

分別解說天地八陽之經이라하리 天者는 陽

也요 地者는 陰也며 八者는 分別也요

四六

陽者는 明解也니 明解大乘無爲之理하여 又

了能分別八識因緣이 空無所得이니

云八識은 爲經하고 陽明은 爲緯니 經緯相

投하여 以成經敎라 故로 名八陽經이라니

八者는 是八識이니 六根이 是六識이요

含藏識과 阿賴耶識이 是名八識라니 明

了分別八識根源이 空無所有하면 卽知

兩眼은 是光明天이니 光明天中에 卽現日

月光明世尊이요 兩耳는 是聲聞天이니 聲

聞天中에 卽現無量聲如來며 兩鼻는 是

佛香天이니 佛香天中에 卽現香積如來며

口舌은 是法味天이니 法味天中에 卽現法

喜如來며 身은 是盧舍那天이니 盧舍那天

中에 卽現成就盧舍那佛과 盧舍那鏡像

佛과 盧舍那光明佛이며 意는 是無分別天이니

無分別天中에 卽現不動如來大光明佛이며

心은 是法界天이니 法界天中에 卽現空王

如來며 含藏識天에 演出阿那含經과 大

四九

般涅槃經 반열반경이며 阿賴耶識天 아뢰야식천에 演出大智 연출대지

度論經 도론경과 瑜伽論經 유가론경이니 善男子 선남자야 佛即 불즉

是法 시법이며 法即是佛 법즉시불이니 合爲一相 합위일상하여 即現 즉현

大通智勝如來 대통지승여래니라

佛說此經時 불설차경시에 一切大地 일체대지가 六種震動 육종진동하고

光照天地 광조천지하여 無有邊際 무유변제하고 浩浩蕩蕩 호호탕탕하여

五〇

而無所名이라 一切幽冥이 皆悉明朗하고

一切地獄은 並皆消滅하며 一切罪人이 俱

得離苦니라 爾時에 大衆之中에 八萬八千菩薩이

一時成佛하니 號曰空王如來應正等覺이라

劫名은 離垢요 國號는 無邊이니 一切人民이

皆行菩薩六波羅蜜하되 無有彼此하며 證 無諍三昧하여 逮無所得하고 六萬六千比 丘比丘尼와 優婆塞優婆夷는 得大總 持하여 入不二法門하고 無數天龍夜叉와 乾闥婆와 阿修羅와 迦樓羅와 緊那羅와 摩睺羅伽와 人非人等은 得法眼淨하여

行菩薩道(행보살도)라하니

善男子(선남자)야 若復有人(약부유인)이 得官登位之日(득관등위지일)과

及新入宅之時(급신입택지시)에 暫讀此經三遍(잠독차경삼편)하면 甚(심)

大吉利(대길리)하여 善神(선신)이 加護(가호)하고 延年益壽(연년익수)하여

福德具足(복덕구족)하나니 善男子(선남자)야 若讀此經一遍(약독차경일편)하면

如讀一切經一遍(여독일체경일편)이요 若寫一卷(약사일권)하면 如寫(여사)

一切經一部라 其功德은 不可稱不可量하며

等虛空하여 無有邊際하야 成聖道果니라

復次無邊身菩薩摩訶薩이여 若有衆生이

不信正法하여 常生邪見가이라 忽聞此經하고

卽生誹謗하되 言非佛說하면 是人은 現世에

得白癩病하여 惡瘡膿血이 遍體交流하며

五四

腥臊臭穢를 人皆憎嫉타가 命終之日에

卽墮阿鼻無間地獄하야 上火徹下하고 下

火徹上하며 鐵槍鐵叉는 遍體穿穴하며 融

銅灌口에 筋骨이 爛壞하야 一日一夜애

萬死萬生으로 受大苦痛하야 無有休息이니

謗斯經故로 獲罪如是니라

佛爲罪人 불위죄인하여 而說偈言 이설게언하시고

身是自然身 신시자연신이오 五體自然足 오체자연족이며

長乃自然長 장내자연장이요 老則自然老 노즉자연노로며

生乃自然生 생내자연생이요 死則自然死 사즉자연사라

求長不得長 구장부득장이요 求短不得短 구단부득단이니라

苦樂汝自當 고락여자당하고 邪正由汝己 사정유여기라

欲作有爲功인댄 讀經莫問師하라

千千萬萬歲에 得道轉法輪라하니

有하여 心明意淨에 歡喜踊躍하며 皆見諸

佛說此經已니하시 一切大衆이 得未曾

相非相하고 入佛知見하고 悟佛知見하여

無入無悟하고 無知無見하여 不得一法이

五七

卽涅槃樂 즉 열 반 락 라 하 니

天地八陽神呪經 천 지 팔 양 신 주 경 종

終

한글 천지팔양신주경

무비스님

　이렇게 법문하시는 것을 들었습니다.

한 때 부처님께서 비야달마성의 조용한 곳에 계시었습니다. 시방에서 따라다니던 사부대중이 부처님을 모시고 빙둘러 앉았습니다. 이때 무애보살이 대중 가운데 있다가 곧 자리에서 일어나 부처님을 향하여 합장하고 부처님께 여쭈었습니다.

"세존이시여, 이 염부제 중생들이 대를 이어 서로 번갈아가며 출생하기를 옛적부터 지금까지 계속하여 끊이지 아니하였으나 유식한 이는 적고 무식한 이가 많으며, 염불하는 이는 적고 잡신에게 구하는 이가 많으며, 계행을 지키는 이는 적고 계행을 어기는 이가 많으며, 꾸준히 정진하는 이는 적고 게으른 이가 많으며, 지혜있는 이는 적고 어리석은 이가 많으며, 장수하는 이는 적고 단명하는 이가 많으며, 선정을 닦는 이는 적고 마음이 산란한 이가 많으며, 부귀한 이는 적고 빈천한 이가 많으며, 온유한 이는 적고 뻗대는 이가 많으며, 흥성하는 이는 적고 외로운 이가 많으며, 정직한 이는 적고 아첨하는 이가 많으며, 청렴하고 삼가하는 이는 적고 탐내고 흐릿한 이가 많으며, 보시하는 이는 적고 인색한 이가 많으며, 미덥고 진실한 이는 적고 허망하고 거짓된 이가 많으며, 이 세상은 천박하고 관리들은 혹독하며, 부역이 심하여 백성들은 궁핍하고 생활이 어려워서 구하는 바가 얻기 어려운 것은 진실로 사도를 믿고 소견이 잘못되었기 때문에 이와 같은 고통을 받는 듯 하옵니다.

바라옵건대 세존께서는 모든 소견이 잘못된 중생들을 위하여 올바른 법문을 말씀하시어 이들로 하여금 잘못된 것을 깨닫고 모두 고통을 벗어나게 해 주시옵소서."

부처님께서 말씀하셨습니다.

"착하고 착하구나. 무애보살아, 그대는 대자비로 그릇된 모든 중생들을 위하여 여래의 불가사의한 올바른 법을 물으니 너희들은 자세히 듣고 깊이 생각하여라.

내가 너희들을 위하여 〈천지팔양경〉을 분별하여 설명하리라.

이 경은 과거의 모든 부처님께서도 말씀하셨고, 미래의 모든 부처님께서도 마땅히 말씀하실 것이며, 현재 계신 모든 부처님들도 말씀하시리라.

이 하늘과 땅 사이에는 사람이 가장 수승하여 모든 만물 가운데서 가장 귀중하나니 사람이란 것은 바르고 참된 것이니라. 마음에는 허망함이 없고 몸은 바르고 참된 것을 행해야 하느니라. 왼쪽으로 삐친 획은 바름을 의미하며 오른쪽으로 그은 획은 참됨을 의미한다. 항상 바르고 참된 것을 행하므로 이름하여 사람(진인)이라 하느니라. 그러므로 사람은 능히 도를 넓히고, 도는 몸을 윤택하게 하나니, 도에 의지하고 사람(선지식)에 의지하면 모두 성인의 도를 이루나니라.

팔양경의 공덕과 위신력

또 무애보살아, 모든 중생이 이미 사람의 몸을 얻었으면서 능히 복을 닦지 못하고 참됨을 등지고 거짓을 향해서 여러 가지 나쁜 업만을 짓다가 장차 수명이 다할 때 고생바다에 빠져서 여러가지 죄보를 받게 되나니, 만일 이 경의 말씀을 듣고 믿는 마음으로 거역하지 아니하면 곧 모든 죄업에서 벗어나고 고생바다에서 뛰어나오게 되며, 선신의 보호를 받아서 모든 장애가 없어지고 장수하게 되어 횡액과 일찍 죽는 일이 없어질 것이니 믿는 힘만으로도 이와 같은 복을 받는 것인데, 하물며 어떤 사람이 이 경을 전부 쓰거나 받아서 지니거나 읽고 외워서 법답게 수행하면 그 공덕은 이루 말할 수 없고 헤아릴 수 없나니 목숨을 마친 뒤에는 모두 부처를 이루게 되느니라."

부처님께서 무애보살마하살에게 말씀하셨습니다.

"만일 어떤 중생이 사도를 믿고 소견이 잘못되면 곧 마귀와 외도와 온갖 도깨비와 괴상한 새의 울음과 온갖 괴물과 악한 귀신이 다투어 쫓아와서 어지럽게 괴롭히며 횡악의 병을 주어 나쁜 종기나 전염병 등으로 쉴새없이 고통을 받게 될 것이니 선지식을 만나서 이 경을 세 번만 읽어 주면 이 모든 나쁜 귀신들은 모두 소멸되고 병이 나을 것이며, 몸이 건강해져서 기운이 솟을 것이니 이 경을 읽은 공덕으로 이같은 복을 얻게 되느니라.

만일 어떤 중생이 음욕에 휩싸이고 노여워하거나 어리석고 탐욕스럽고 질투하는 마음이 많더라도 이 경전을 보고 믿고 신심으로 공경하고 공양하여 세 번만 읽으면 어리석음 등의 모든 악이 다 없어지고 자비를 베풀게 되므로 불법의 복을 얻게 되리라.

또한 무애보살아, 만일 선남자 선여인이 모든 일을 행함에 있어, 먼저 이 경을 세 번 읽고 나서 담을 쌓거나 터를 다지거나, 집을 짓거나 안채나 바깥채나 동서의 행랑이나 부엌과 객실을 중수하거나 문을 내고 우물을 파거나 아궁이를 고치고 방아를 놓고 곳간을 짓고 짐승의 우리와 뒷간을 세우더라도 일유신과 월살귀와 장군태세와 황번표미와 오방의 토지신과 청룡백호와 주작 현무와 육갑금휘와 십이제신과 토위복룡과 일체귀매 등이 모두 숨거나 멀리 다른 곳으로 도망가며 형상과 그림자까지도 소멸되어 감히 해치지 못할 것이며 모든 일이 대길해져서 한량없는 복을 얻게 되느니라.

선남자야, 공을 세운 뒤에는 집안이 편안하고 가옥이 견고하며 부귀영화를 구하지 아니하여도 저절로 이루어지며, 만일 멀리 가거나 군에 입대하거나 벼슬을 구하거나 장사를 하여도 이익을 많이 얻고, 가문이 흥해져서 사람을 귀히 여기며, 백자천손에 아비는 사랑하고 자식은 효도하고 남자는 충성하고 여자는 정결하고 형은 우애롭고 아우는 공순하며 부부는 화목하고 친척간에는 신의가 두터워서 소원성취가 이루어질 것이다.

만일 어떤 중생이 갑자기 옥중에 감금되거나 도적에게 붙잡혔더라도 이 경을 잠깐 세 번만 읽으면 즉시 풀려나게 되느니라.

만일 선남자 선여인이 이 천지팔양경을 받아지니거나 읽고 외우거나 다른 사람을 위하여 쓴 사람은 설사 불과 물에 들어가더라도 타거나 떠내려가지 않을 것이며 혹시 험한 산속에 가더라도 호랑이나 이리가 자취를 감추고 감히 할퀴거나 물지 못하게 선신이 호위해서 무상도를 이루게 하나니라.

또 어떤 사람이 거짓말과 발림말과 욕설과 이간질하는 말을 많이 하더라도 능히 이 경을 받아지녀 읽고 외우면 네 가지 허물이 모두 없어지고 네 가지 걸림없는 변재를 얻어서 불도를 이룰 것이다.

만일 선남자 선여인의 부모가 죄를 짓고 죽어서 지옥에 떨어져서 수많은 고통을 받게 되더라도 그 자식이 이 경을 일곱 번만 읽으면 그 부모가 곧 지옥에서 풀려나서 천상에 태어날 것이며 부처님을 뵙고 법문을 듣고 불생불멸의 법을 깨달아서 불도를 성취할 것이니라.”

부처님께서 무애보살에게 말씀하셨습니다.

“비바시 부처님때에 우바새 우바이가 사교를 믿지 않고 불법을 숭상하며 이 경을 쓰고 배우고 지니고 외우며 할 일을 다하면서도 한 번도 의심없이 바른 믿음으로 보시를 행하고 평등하게 공양하고 정결한 몸을 얻어서 부처를 이루었으니 그 이름이 보광여래응정등각이라 하였다. 그 겁명은 대만이요 국호는 무변이며 백성들이 다만 보살도를 행하였을 뿐이며 얻은 법은 없었느니라.

또 무애보살아, 이 천지팔양경이 염부주에서 행해지면 곳곳마다 팔보살과 모든 범천왕과 온갖 밝은 신명들이 이 경을 둘러싸고 향과 꽃으로 공양하기를 부처님과 같이 하느니라."

대승의 지혜관

부처님이 무애보살마하살에게 말씀하셨습니다.

"만일 선남자 선여인이 모든 중생을 위하여 이 경을 강론하여 실상을 통달하고 깊은 이치를 얻으면 이 몸과 마음이 곧 부처님의 몸이요 그 마음이 바로 불법의 마음임을 알 것이다. 이러한 까닭을 능히 아는 것이 곧 지혜인 것이니 눈으로는 항상 온갖 색을 보거든 색이 곧 공이요, 공이 곧 색이라 수상 행식도 또한 공하나니 이는 곧 묘색신여래며, 귀로는 항상 온갖 소리를 듣거든 소리가 곧 공이요, 공이 곧 소리이니 이는 곧 묘음성여래며, 코로는 항상 온갖 냄새를 맡거든 냄새가 곧 공이요, 공이 곧 냄새이니 이는 곧 향적여래며, 혀로는 항상 온갖 맛을 보거든 맛이 곧 공이요, 공이 곧 맛이니 이는 곧 법희여래며, 몸으로는 항상 온갖 감촉을 느끼거든 감촉이 곧 공이요, 공이 곧 감촉이니 이는 곧 지승여래며, 뜻으로는 항상 온갖 법을 생각하며 분별하거든 법이 곧 공이요, 공이 곧 법이니 이는 곧 법명여래니라.

선남자야, 이 육근이 뚜렷하게 나타나되 사람들이 모두 입으로 항상 착한 말을 설하여 항상 착한 법을 행하면 곧 성인의 도를 이룰 것이나 나쁜 말을 설하여 항상 나쁜 법을 행하면 곧 지옥에 떨어지나니 선남자야, 선하고 나쁜 이치를 믿어야 하느니라.

선남자야, 사람의 몸과 마음이 불법의 그릇이며 또한 십이부의 큰 경전이거늘 아득한 옛적부터 현재까지 읽었으나 다 읽지 못하였으며, 터럭만치도 건드리지 못하였으니 이 여래장경은 오직 마음을 알고 성품을 본 사람만이 능히 알 것이며, 모든 성문이나 범부들은 능히 알지 못하느니라.

선남자야, 이 경을 읽고 외워서 진리를 깊이 알게 되면 곧 몸과 마음이 불법의 그릇임을 알지만 만일 술에 취해서 깨지 못하면 자기의 마음이 불법의 근본임을 알지 못하고 육취중생계를 방황하면서 나쁜 길에 떨어져 영원히 고통의 바다에 빠지게 되어 불법의 이름도 듣지 못하느니라."

이 때에 대중 가운데 있던 오백천자가 부처님의 말씀을 듣고 법안이 밝아짐을 얻고 모두 대단히 즐거워하면서 그 즉시로 무등등 아뇩다라삼먁삼보리심을 일으켰습니다.

세간의 생사영위법문

무애보살이 또 부처님께 여쭈었습니다.

"세존이시여, 사람이 이 세상에 살아가는 동안에 낳고 죽는 것이 소중하거늘 태어날 때 택일을 하지 않고 때가 되면 태어나고, 죽을 때에도 택일을 하지 않고 때가 되면 곧 죽는데, 어찌하여 초빈하거나 장사지낼 때에는 길일을 택해서 이렇게 초빈하고 장사를 지내면서도 그렇게 한 뒤에는 오히려 해가 되어 가난한 사람이 많고 가문이 멸망하는 일까지 또한 적지 아니하오니 원하옵건대 세존이시여, 모든 그릇된 소견의 무지한 중생을 위하여 그 인연을 말씀하시어 올바른 소견을 가지고 그 뒤바뀐 소견을 없게 하여 주시옵소서."

부처님께서 말씀하시었습니다.

"착하고 착하다. 선남자야, 너희가 실로 심오한 중생들의 낳고 죽는 일과 초빈과 장사지내는 법을 능히 물으니 자세히 들으라.

마땅히 너희들을 위하여 지혜로운 이치와 대도의 법을 말하리라.

대저 하늘과 땅은 넓고 깨끗하며 해와 달은 항상 밝아서 어느 해나 어느 시간이나 갸륵하고 훌륭하고 아름답기만 하느니라.

선남자야, 인왕보살이 매우 자비하여 중생들을 불쌍히 여기시기를 아이처럼 여겨서 사람들의 임금이 백성들의 부모가 되었을 때 세속 사람들과 더불어 살며 사람들에게 세속법을 가르쳤다. 그리고 책력을 만들어서 천하에 반포하여 절후를 알게 하였다. 만·평·성·수·개·제·집·위·파·살이란 열 개의 글자가 있어서, 어리석은 사람들은 글자대로만 믿으면 흉화를 면하는 줄로만 알고 있으며, 또는 사도를 하는 사람들은 이것을 부연해서 옳고 그름을 부질없이 사신에게 구하고, 아귀에게 절을 함으로써 도리어 재앙을 초래하여 스스로 고통을 받느니라. 이와 같은 사람들은 천시를 위반하고 지리를 거역하며 해와 달의 광명을 등지고 항상 어두운 곳에 빠져 있으며 바른 길인 넓은 길을 버리고 항상 잘못된 길을 찾는 것이니 잘못된 소견이 심한 것이니라.

선남자야, 아이를 낳으려 할 때 이 경을 세 번만 독송하면 아이를 순산하고 크게 길할 것이며, 총명하고 영리하고 지혜롭고 복덕이 풍성하며, 일찍 죽지 않느니라. 죽을 때에도 이 경을 세 번만 독송하면 조금도 방해됨이 없고 한량없는 복을 얻느니라.

선남자야, 날마다 좋은 날이며 달마다 좋은 달이며 해마다 좋은 해로라. 진실로 막힐 것이 없으니 준비만 되어 있으면 어느 때나 초빈하고 장사를 지내고, 초빈과 장사를 지내는 날에 이 경을 일곱 번만 독송하면 크게 길하고 이로워서 한량없는 복을 얻을 것이며 가문이 영화롭고 사람이 귀하게 되며 수명이 길어져 장수하고 임종할 때에는 아울러 성인이 될 것이니라.

선남자야, 초빈과 장사를 지내는 곳에 동서남북의 안온한 자리를 묻지 말라. 사람이 좋아하는 곳이면 귀신도 좋아하고 즐거워하나니라. 이 경을 세

번만 읽고 바로 묘자리를 보고 안치하면 영원히 재앙이 없어지고 집이 부유해지며 사람이 번성해져 크게 길하고 이로울 것이다."

이 때에 세존께서 이 뜻을 거듭 펴고자 게송으로 말씀하셨습니다.

"삶을 영위할 때가 좋은 날이며
죽어 장사지내는 그 날마저 좋은 때이니
낳고 죽을 때에 이 경을 독송하면
크게 길함을 얻으리라
달마다 좋은 달이요
해마다 좋은 해도다
이 경을 세 번 읽고 장사 지내면
천추만대에 영화롭고 창성하리라."

이 때에 대중 가운데 칠만칠천인이 부처님의 말씀을 듣고 마음이 열리고 뜻이 트여 사도를 버리고 바른 데로 돌아와서 불법을 얻어지녀 의혹을 영원히 끊어버리고 모두 아뇩다라삼먁삼보리심을 일으켰습니다.

결혼에 대하여

무애보살이 다시 부처님께 여쭈었습니다.

"세존이시여, 모든 남녀들이 결혼할 때에 먼저 서로가 결혼하여도 좋은지를 물은 다음에 길일을 택해서 결혼함으로써 비로소 부부가 되어 가정을 이룹니다. 그러나 결혼한 다음에 부귀하여 해로하는 이는 적고 빈궁하게 살다가 이별하거나 사별하는 이가 많나이다. 삿된 말을 믿기는 똑같거늘 어찌하여 이러한 차별이 있습니까? 원컨대 세존이시여, 대중의 의문을 풀어 주시옵소서."

부처님께서 말씀하셨습니다.

"선남자야, 너희들은 자세히 들어라. 마땅히 너희를 위하여 설명하리라.

하늘은 양이요 땅은 음이며, 해는 양이요 달은 음이며, 불은 양이요 물은 음이며, 남자는 양이요 여자는 음이니, 하늘과 땅의 기운이 합하여 온갖 초목이 생기고, 해와 달이 서로 교운하여 사시와 팔절이 분명하고, 물과 불이 서로 순수하여서 온갖 만물이 성숙하며, 남녀가 서로 화해서 자손이 생기나니 이는 다 천지의 떳떳한 도로 자연의 이치며 세상의 법이니라.

선남자야, 어리석은 사람은 지견이 없어서 사도하는 사람을 믿어 점치고 굿을 하여 길함을 바라면서 착한 것은 닦지 않고 여러가지 나쁜 짓만 하다가 죽은 후에 다시 사람으로 태어나는 사람은 마치 손톱 위에 붙은 흙과 같이 적고 지옥에 떨어져서 아귀가 되거나 축생으로 생겨나는 이는 대지의 흙과 같이 많으니라.

선남자야, 다시 사람으로 태어난 이들 중에도 바른 일을 믿고 선을 닦는 이는 손톱 위에 붙은 흙과 같으나 나쁜 도를 믿어 나쁜 짓을 하는 이는 대지의 흙과 같으니라.

선남자야, 혼인을 하려고 할 때에도 수화상극과 포태상압과 나이와 명이 맞지 않음을 묻지 말고 다만 녹명서를 보아서 곧 복덕의 많고 적음을 알 수 있는 것이니 그것으로 권속을 삼아라. 친영하는 날에는 이 경을 세 번 읽어서 성례하면 바르고 좋은 일만이 항상 지속되고 광명이 서로 이어져 가문은 높아지고 사람이 귀하게 되며 자손이 창성하되 총명하고 지혜롭고 영리하여 재주와 예술이 많으며 효도와 공경이 대대로 이어져서 크게 길하고 이로울 것이요, 명이 짧아서 요절하는 일이 없으며, 복덕이 풍성해서 모두 불도를 이루리라."

이 때에 여덟 보살이 부처님의 위신력을 받아서 대총지를 얻고도 항상 인간 세상에 처해서 부처님의 위력으로 인간 세상과 함께 사도를 깨트리고 정도를 세워 사생을 제도하고 항상 팔해탈에 있으면서도 스스로를 달리하

지 않았습니다. 그 이름이 발타라보살누진화, 나린갈보살누진화, 교목도보
살누진화, 나라달보살누진화, 수미심보살누진화, 인저달보살누진화, 화륜조
보살누진화, 무연관보살누진화입니다. 이 여덟 보살이 동시에 부처님께 여
쭈었습니다.

"세존이시여, 저희들이 여러 부처님 처소에서 받은 다라니신주를 이제 발
하여서 천지팔양경을 받아 지니고 읽고 외우는 사람들을 보호해서 공포가
영원히 없게 하겠으며 온갖 나쁜 것들로 하여금 이 독경 법사를 침해하지
못하도록 하겠나이다."

그리고 곧 부처님 앞에서 주문을 외웠습니다.

'아거니 니거니 아비라 만례만다례.'

"세존이시여, 만일 나쁜 자가 쫓아와서 법사를 괴롭히려 하면 나의 이 주
문을 듣고는 머리가 일곱 쪽으로 깨어져서 아리수 나무가지와 같이 되게
하겠나이다."

팔양경 명칭에 대하여

이 때에 무변신보살이 자리에서 일어나 앞으로 나가 부처님께 여쭈었습니
다.

"세존이시여, 어찌하여 이름을 천지팔양경이라 하옵니까?

세존이시여, 원하옵건대 세존께서는 모든 대중을 위하여 그 뜻을 알려주
시어 깨달음을 얻게 하여 속히 마음의 근본을 통달하고 불지견에 들어가서
의심을 영원히 끊게 하여 주옵소서."

부처님께서 말씀하셨습니다.

"착하고 착하도다. 선남자야, 너희들은 자세히 들으라. 내가 이제 너희들
을 위해 천지팔양경의 뜻을 분별하여 설명하리라.

하늘(天)은 양이요, 땅(地)은 음이며, 팔(八)은 분별이요, 양(陽)은 분명히

안다는 것이니, 대승의 하염없는 이치를 바르게 헤아려 알아서 팔식인연이 공하여 얻을 것이 없음을 잘 분별하는 뜻이니라.

또 팔식(八識)은 날이 되고 양명(陽明)은 씨가 되어 날과 씨가 서로 맺어 경전을 이룸으로 팔양경이라고 하느니라.

팔은 팔식이니 육근인 육식과 함장식과 아뢰야식을 이름하여 팔식이라 하느니라. 팔식의 근원을 분명하게 분별하면 아무 것도 없이 공한 것이니 그러므로 두 눈이 곧 광명천이니 광명천 가운데에 곧 일월광명세존을 나타낸 것이며, 두 귀는 성문천이니 성문천 가운데에 곧 무량성여래를 나타낸 것이며, 코는 불향천이니 불향천 가운데에 곧 향적여래를 나타낸 것이며, 입과 혀는 법미천이니 법미천 가운데에 곧 법희여래를 나타낸 것이며, 몸은 노사나천이니 노사나천 가운데에 곧 노사나불과 노사나경상불과 노사나광명불을 성취하여 나타낸 것이며, 뜻은 무분별천이니 무분별천 가운데에 곧 부동여래대광명불을 나타낸 것이며, 마음은 법계천이니 법계천 가운데에 곧 공왕여래를 나타낸 것이며, 함장식천에 아나함경과 대반열반경을 연출하며 아뢰야식천에 대지도론경과 유가론경을 연출한 것이니라.

신님자야, 불은 곧 법이요, 법은 곧 불이니 합해서 한 모양이 되어서 곧 대통지승여래를 나타낸 것이니라.”

결언

부처님께서 이 경을 말씀하실 때에 온통 대지가 여섯 가지로 진동하며 광명이 천지에 비추어 끝이 없어 호호탕탕하여 무어라고 이름할 수가 없었습니다. 모든 어둠이 다 밝아지고 온갖 지옥이 다 소멸하여 모든 죄인들이 함께 고통을 면하였습니다.

이 때 대중 가운데 팔만팔천보살이 함께 성불하였으니 이름은 공왕여래응정등각이고 겁명은 이구요, 국호는 무변이니 온갖 백성들이 모두 보살의

육바라밀을 행하여 너나할 것없이 무쟁삼매를 증득하여 무소득에 이르렀으며, 육만육천 비구, 비구니, 우바새, 우바이들은 대총지를 얻어서 불이법문에 들어갔고, 무수한 천룡, 야차, 건달바, 아수라, 가루라, 긴나라, 마후라, 인비인 등은 법안이 깨끗함을 얻어서 보살도를 행하였습니다.

"선남자야, 만일 다시 어떤 사람이 벼슬의 지위에 오르는 날이나 새로운 집에 들어갈 때 잠깐이라도 이 경을 세 번 읽으면 한없이 대길하여 선신이 보호하여 장수하게 되며 복덕이 풍성하리라.

선남자야, 만일 이 경을 한 번만 읽어도 모든 경을 한 번 읽은 것과 같으며, 만일 한 권만 베껴써도 모든 경을 한 번 쓴 것과 같아서 그 공덕은 말할 수 없으며 허공과 같이 끝이 없어 성인의 도과를 성취하리라.

또 무변신보살마하살이여, 만일 어떤 중생이 정법을 믿지 않고 항상 잘못된 소견만 내다가 문득 이 경을 듣고 비방하여 부처님 말씀이 아니라고 말하면 이 사람은 금생에서 문둥병을 얻어 나쁜 창병으로 얽힌 피가 온몸에 철철 흐르며 악취를 풍겨서 사람들이 미워하며 임종하는 날에는 곧 아비무간지옥에 떨어져서 윗불이 아래로 내려 뿜고 아래불은 위로 올려 뿜으며 쇠창과 쇠작살로 온몸을 쑤시며 구리 녹인 물을 입에다 부어 힘줄과 뼈가 문드러져서 하루에 만 번 죽고 만 번 살아나는 큰 고통을 쉴 새 없이 받을 것이니, 이 경을 비방한 탓으로 이와 같은 죄를 받느니라."

부처님께서 죄인을 위해서 게송을 말씀하셨습니다.

"이 몸은 자연으로 생긴 몸이니
머리와 사지도 자연으로 갖추어졌고
자라는 것도 자연으로 자라고
늙는 것도 자연으로 늙으며
태어날 때에도 자연으로 생겨나고

죽을 때에도 자연으로 죽으며
키가 크기를 구해도 클 수 없고
적어지려 해도 적어질 수 없다.
즐거움도 괴로움도 스스로 받나니
잘못 되고 잘 되는 것도 네게 달렸으니
좋은 공덕 지으려거든 이 경을 읽어
천년만년 득도해서 법을 전하라."

부처님께서 이 경을 다 말씀하시니, 모든 대중이 아직까지 느껴본 적이 없는 기쁨을 얻어서 마음이 밝아지고 뜻이 깨끗해져서 기뻐서 뛰면서 모든 모양이 참모양이 아닌 줄을 보고 불지견에 들어가 불지견을 깨달았지만 들어간 것도 없고 깨달은 것도 없으며 아는 것도 없고 보는 것도 없어서 한 가지 법도 얻음이 없는 것이 곧 열반의 기쁨이니라.　끝

회향문

사경제자 :   합장

사경시작 일시 :   년   월   일

❀ 정성스럽게 쓰신 사경본 처리 방법 ❀

· 가보로 소중히 간직합니다.
· 본인이 지니고 독송용으로 사용합니다.
· 다른 분에게 선물합니다.
· 돌아가신 분을 위한 기도용 사경은 절의 소대에서
  불태워 드립니다.
· 법당, 불탑, 불상 조성시에 안치합니다.

도서출판 窓 "무량공덕 사경" 시리즈

제1권	반야심경 무비스님 편저	제11권	불설아미타경 무비스님 편저
제2권	금강경 무비스님 편저	제12권	원각경보안보살장 무비스님 편저
제3권	관세음보살보문품 무비스님 편저	제13권	천지팔양신주경 무비스님 감수
제4권	지장보살본원경 무비스님 편저	제14권	대불정능엄신주 무비스님 편저
제5권	천수경 무비스님 편저	제15권	수보살계법서 무비스님 편저
제6권	부모은중경 무비스님 편저	제16권	불설우란분경 무비스님 편저
제7권	목련경 무비스님 편저	제17권	미륵삼부경 무비스님 편저(근간)
제8권	삼천배 삼천불 무비스님 편저	제18권	화엄경약찬게 무비스님 편저(근간)
제9권	보현행원품 무비스님 감수	제19권	법성게 무비스님 편저(근간)
제10권	신심명 무비스님 편저	제20권	묘법연화경(전7권) 무비스님 편저(근간)

도서출판 窓 "무량공덕 우리말 사경" 시리즈(근간)

제1권	우리말 반야심경 무비스님 편저	제6권	우리말 부모은중경 무비스님 편저
제2권	우리말 금강경 무비스님 편저	제7권	우리말 예불문 무비스님 편저
제3권	우리말 관세음보살보문품 무비스님 편저	제8권	우리말 백팔대참회문 무비스님 편저
제4권	우리말 지장보살본원경 무비스님 편저	제9권	우리말 묘법연화경(전7권) 무비스님 편저
제5권	우리말 천수경 무비스님 편저	제10권	우리말 삼천배 삼천불 무비스님 감수

도서출판 窓 "묘법연화경 한지 사경" 시리즈 무비스님 감수

제1권	묘법 연화경(제1품, 제2품)
제2권	묘법 연화경(제3품, 제4품)
제3권	묘법 연화경(제5품, 제6품, 제7품)
제4권	묘법 연화경(제8품, 제8품, 제9품, 제10품, 제11품, 제12품, 제13품)
제5권	법 연화경(제14품, 제15품, 제16품, 제17품)
제6권	묘법 연화경(제18품, 제19품, 제20품, 제21품, 제22품, 제23품)
제7권	묘법 연화경(제24품, 제25, 제26품, 제27품, 제28품)

※표지: 비단표지, 본문: 고급국산한지

¤ "무량공덕 사경" 시리즈는 계속 간행됩니다.

☆ 법보시용으로 다량주문시 특별 할인해 드립니다.
☆ 원하시는 불경의 독송본이나 사경본을 주문하시면 정성껏 편집·제작하여 드립니다.

◆무비(如天 無比) 스님
· 전 조계종 교육원장.
· 범어사에서 여환스님을 은사로 출가.
· 해인사 강원 졸업.
· 해인사, 통도사 등 여러 선원에서 10여년 동안 안거.
· 통도사, 범어사 강주 역임.
· 조계종 종립 은해사 승가대학원장 역임.
· 탄허스님의 법맥을 이은 강백.
· 화엄경 완역 등 많은 집필과 법회 활동.

▶저서와 역서
· 『금강경 강의』, 『보현행원품 강의』, 『화엄경』, 『예불문과 반야심경』,
  『반야심경 사경』 외 다수.

天地八陽神呪經

초판 발행 · 2009년 5월 05일
15쇄 발행 · 2025년 1월 25일
감   수 · 무비 스님
펴낸이 · 이규인
편   집 · 천종근
펴낸곳 · 도서출판 窓
등록번호 · 제15-454호
등록일사 · 2004년3일 25일

주소· 서울특별시 마포구 대흥로4길 49, 1층(용강동, 월명빌딩)
전화· 02)322-2686, 2687/팩시밀리· 02)326-3218
e-mail · changbook1@hanmail.net
홈페이지 · http://www.changbook.co.kr

ISBN 978-89-7453-178-2 04220
정가   7,500원